AF457735

VENTE

Du Lundi 16 Janvier 1911

HOTEL DROUOT, SALLE N° 11

A DEUX HEURES PRÉCISES

TABLEAUX

ANCIENS ET MODERNES

Aquarelles, Dessins, Pastels, Gravures

Mᵉ G. LEBAILLY
COMMISSAIRE-PRISEUR
3, boulevard Sébastopol

M. PAUL SIMONS
PEINTRE
Expert près le Tribunal civil de la Seine
23, rue des Martyrs

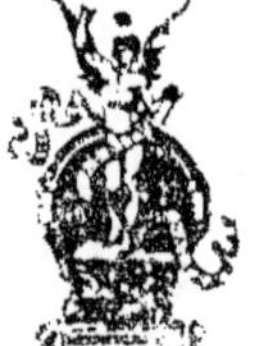

CATALOGUE

DES

TABLEAUX ANCIENS

Par, ou d'après

FRANÇOIS BOUCHER, MICHEL DE COXCIE, DOMINIQUIN, FRANCK, GIOTTO, WILHELM KALF, LUCAS DE LEYDE, POURBUS, RUBENS, DANIEL SEGHERS, GÉRARD TERBURG, P.-J. VERHAGEN, A. WATTEAU, EMMANUEL DE WITT.

ET DES

Écoles Allemande, Espagnole, Flamande, Française, Italienne et Hollandaise

DES XIVe, XVe, XVIe, XVIIe et XVIIIe SIÈCLES

ET DES

TABLEAUX MODERNES

ET

AQUARELLES, DESSINS, PASTELS, GRAVURES, ETC.

Par

A. BESNARD, H. BIVA, CAROLUS-DURAN, A. CHAPONNIER, DEBECOURT, R. ERNST, L. FLAMENG, C. FLERS, C. GUYS, G. HOET, INNOCENTI, MÉCOU, E. NOIROT, SMITH MEZZOTINTO, E. YARZ, ETC.

DONT LA VENTE AUX ENCHÈRES PUBLIQUES AURA LIEU A PARIS

HOTEL DROUOT, SALLE N° 11

Le Lundi 16 Janvier 1911

à deux heures précises

Me G. LEBAILLY	M. PAUL SIMONS
COMMISSAIRE-PRISEUR	PEINTRE
3, boulevard de Sébastopol, 3	*Expert près le Tribunal civil de la Seine*
PARIS	23, rue des Martyrs

EXPOSITION PUBLIQUE

Le Dimanche 15 Janvier 1911, de 2 heures à 6 heures

CONDITIONS DE LA VENTE

Elle sera faite au comptant.

Les adjudicataires paieront *dix pour cent* en sus des enchères.

L'exposition mettant le public à même de se rendre compte de l'état et de la nature des objets, aucune réclamation ne sera admise une fois l'adjudication prononcée.

Paris. — Imp. de l'Art, Ch. Berger, 41, rue de la Victoire.

DÉSIGNATION

TABLEAUX ANCIENS
ET MODERNES

BIVA (Henri)

1 — *Le Ruisseau (Sous-bois).*

Toile. Haut., 1 m. 54 cent.; larg., 1 m. 28 cent.

BOUCHER (École de)

2 — *Scène mythologique.*

Toile. Haut., 90 cent.; larg., 74 cent.

CHATEIGNON

3 — *Bords de rivière.*

Toile. Haut., 98 cent.; larg., 1 m. 45 cent.

COXCIE (Attribué à Michel de)

4 — *Jésus et la Femme adultère.*

Panneau dont la forme supérieure est plurilobée.
Haut., 97 cent.; larg., 68 cent.

COXCIE (École de MICHEL DE)

5 — *L'Adoration des Rois Mages.*

Peinture sur cuivre.

Cadre en bois sculpté. Haut., 26 cent.; larg., 20 cent.

DOMINIQUIN (Attribué au)

6 — *Résurrection de Lazare.*

Toile Haut., 36 cent.; larg., 55 cent.

DREYFUS (H.), 1891

7 — *Le Pont.*

Toile. Haut., 25 cent.; larg., 33 cent.

DREYFUS (H.), 1891

8 — *La Route.*

Toile. Haut., 25 cent.; larg., 33 cent.

ERNST (R.)

9 — *Le Choix d'un livre.*

Panneau bois. Haut., 22 cent.; larg., 17 cent.

ERNST (R.)

10 — *L'Étude.*

Panneau bois. Haut., 22 cent.; larg., 17 cent.

ÉCOLE ALLEMANDE (XVe siècle)

11 — *L'Adoration des Rois Mages.*

Panneau. Haut., 87 cent.; larg., 90 cent.

ÉCOLE ALLEMANDE (Fin du xve siècle)

12 — *Descente de croix.*

Panneau. Haut., 88 cent.; larg., 65 cent.

ÉCOLE DE BOURGOGNE (xve siècle)

13 — *L'Annonciation aux Bergers.*

Panneau. Haut., 1 m. 08 cent.; larg., 57 cent.

ÉCOLE DE BRUGES (xve siècle)

14 — *L'Annonciation.*

Diptyque.

Panneau. Haut., 1 m. 25 cent.; larg., 1 m. 25 cent.

ÉCOLE BYZANTINE ORTHODOXE
(Monastères du mont Athos, xvie siècle)

15 — *La Vierge, Dieu et les saints*

Icone.

Panneau. Haut., 36 cent.; larg., 31 cent..

ÉCOLE DE COLOGNE (xvie siècle)

16 — *Descente de croix.*

Panneau. Haut., 74 cent.; larg., 1 m. 05 cent.

ÉCOLE ESPAGNOLE

17 — *Saint François d'Assise en prière.*

Toile. Haut., 1 m. 15 cent.; larg., 90 cent.

Cadre en bois sculpté.

ÉCOLE ESPAGNOLE

18 — *Jeune Femme.*

Toile. Haut., 94 cent.; larg., 63 cent.

ÉCOLE ESPAGNOLE (XVIe siècle)

19 — *La Vierge de la concorde.*

Peinture cintrée exécutée sur une porte de Tabernacle.

Haut., 94 cent.; larg., 49 cent.

ÉCOLE ESPAGNOLE

20 — *Sainte Madeleine.*

Toile. Haut., 55 cent.; larg., 43 cent.

ÉCOLE FLAMANDE

21 — Décoration en camaïeu composée de cinq panneaux :

1° *A l'Auberge.*

Toile. Haut., 3 m. 85 cent.; larg., 2 m. 28 cent.

2° *Danse champêtre.*

Toile. Haut., 3 m. 90 cent.; larg., 2 m. 76 cent.

3° *Le Passeur.*

Toile. Haut., 2 m. 42 cent., larg., 2 m. 79 cent.

4° *Les Plaisirs de l'été.*

Toile. Haut., 2 m. 60 cent.; larg., 2 m. 78 cent.

5° *Le Joueur de cornemuse.*

Toile. Haut., 1 m. 28 cent.; larg,. 1 m. 02 cent.

ÉCOLE FLAMANDE

22 — *Étude de têtes.*

Panneau. Haut., 34 cent.; larg., 46 cent.

ÉCOLE FLAMANDE (xve siècle)

23 — *Jésus-Christ reçu au ciel par Dieu le Père et les Anges.*

Panneau de forme octogonale.

Grande haut., 1 m. 40 cent ; petite haut., 92 cent.; larg., 1 m. 67 cent.

ÉCOLE FRANÇAISE

24 — *Le Christ au roseau.*

Peinture sur marbre.

Haut., 13 cent.; larg., 8 cent.

ÉCOLE FRANÇAISE

25 — *Portrait de Jeune Femme.*

Panneau. Haut., 18 cent.; larg., 13 cent.

ÉCOLE FRANÇAISE

26 — *Portrait en pied d'un Évêque.*

Panneau. Haut., 16 cent.; larg., 11 cent.

Cadre en bois sculpté.

ÉCOLE FRANÇAISE

27 — *Portrait d'une Princesse.*

Toile. Haut., 42 cent.; larg., 32 cent.

ÉCOLE FRANÇAISE

28 — *Paysage.*

Toile. Haut., 55 cent.; larg., 46 cent.

ÉCOLE FRANÇAISE (XVIIIe siècle)

29 — *Portrait d'un Peintre.*

Toile. Haut., 75 cent.; larg., 58 cent.

Cadre en bois sculpté.

ÉCOLE FRANÇAISE

30 — *Portrait d'un Gentilhomme.*

Toile. Haut., 81 cent.; larg., 65 cent.

ÉCOLE FRANÇAISE

31 — *La Promenade.*

Toile. Haut., 60 cent.; larg., 50 cent.

Cadre en bois sculpté.

ÉCOLE FRANÇAISE

32 — *Christ en croix.*

Toile. Haut., 94 cent.; larg., 73 cent.

ÉCOLE FRANÇAISE

33 — *Vieux-Paris (1900).*

Panneau. Haut., 65 cent.; larg., 98 cent.

ÉCOLE FRANÇAISE

34 — *Portrait d'un Gentilhomme.*

Toile. Haut., 73 cent.; larg., 64 cent.

ÉCOLE FRANÇAISE

35 — *Bords de l'Oise.*

Toile. Haut., 65 cent.; larg., 50 cent.

ÉCOLE FRANÇAISE

36 — *Cupidon.*

Panneau carton. Haut., 51 cent.; larg., 39 cent.

ÉCOLE FRANÇAISE

37 — *Portrait de Femme.*

Toile. Haut., 40 cent ; larg., 30 cent.

ÉCOLE FRANÇAISE

38 — *Pastorale.*

Grisaille.

Toile. Haut., 1 m. 02 cent.; larg., 1 m. 28 cent.

ÉCOLE FRANÇAISE

39 — *Madeleine.*

Toile. Haut., 1 m. 66 cent.; larg., 1 m. 21 cent.

ÉCOLE FRANÇAISE (XVIIIe siècle)

40 — *Tobie et l'Ange.*

Toile. Haut., 93 cent.; larg., 45 cent.

ÉCOLE FRANÇAISE

41 — *La Vierge.*

Panneau. Haut., 9 cent. 1/2; larg., 5 cent. 1/2.

ÉCOLE FRANÇAISE

42 — *Sainte Thérèse.*

Panneau ovale. Haut., 9 cent.; larg., 7 cent.

ÉCOLE FRANÇAISE

43 — *Portrait de Femme.*

Panneau bois. Haut., 38 cent.; larg., 29 cent.

ÉCOLE HOLLANDAISE

44 — *Intérieur d'auberge.*

Panneau. Haut., 24 cent.; larg., 29 cent.

ÉCOLE HOLLANDAISE

45 — *Un Ange.*

Peinture sur cuivre.
Haut., 10 cent. 1/2; larg., 7 cent. 1/2.

ÉCOLE ITALIENNE

46 — *Sainte Cécile.*

Peinture sur cuivre.
Haut., 22 cent.; larg., 17 cent.

ÉCOLE ITALIENNE

47 — *La Vierge aux enfants.*

Peinture sur cuivre.
Haut., 22 cent.; larg., 17 cent.

ÉCOLE ITALIENNE

48 — *Le Christ couronné d'épines.*

Panneau. Haut., 40 cent.; larg., 29 cent.

Cadre en bois sculpté.

ÉCOLE ITALIENNE

49 — *Paysage d'Italie.*

Panneau. Haut., 27 cent.; larg., 35 cent.

ÉCOLE ITALIENNE (XVIIe siècle)

50 — *La Résurrection.*

Peinture sur cuivre.

Haut., 34 cent.; larg., 26 cent.

ÉCOLE ITALIENNE (XVIe siècle)

51 — *Le Christ implorant la Vierge en faveur des morts.*

Panneau. Haut., 94 cent.; larg., 78 cent.

ÉCOLE ITALIENNE (XVIIe siècle)

52 — *Le Mariage mystique de sainte Catherine.*

Toile. Haut., 62 cent.; larg., 48 cent. 1/2.

ÉCOLE DE SIENNE (XIVe siècle)

53 — *Saint Magnus, évêque d'Oderzo et saint Antoine de Padoue.*

Fragment de rétable.
Dans le registre inférieur, deux petits panneaux :
1° *L'Annonciation* ;
2° *Saint Thomas touchant la plaie du Christ.*
Panneau supérieur :

Haut., 98 cent.; larg., 54 cent.

Panneaux inférieurs :

Haut., 23 cent.; larg., 23 cent.

ÉCOLE DE SIENNE (XIVe siècle)

54 — *La Vierge, l'Enfant Jésus et saint Mathieu.*

Panneau de forme hexagonale.

Haut. médiane, 90 cent.; haut. latérale, 54 cent.; larg., 49 cent.

FLERS (CAMILLE)

55 — *La Marne à Annet (Seine-et-Marne).*

Signé en bas à gauche.

Panneau. Haut., 37 cent.; larg., 58 cent.

FRANCK (École de)

56 — *Le Festin de Balthazar.*

Toile. Haut., 78 cent.; larg., 1 m. 05 cent.

GARRIDO (D'après)

57 — *Femme Louis XV.*

Toile. Haut., 73 cent.; larg., 39 cent.

GIOTTO (École de)

58 — *Le Martyre de saint Jean-Baptiste.*

Panneau. Haut., 78 cent.; larg., 52 cent.

Cadre en bois sculpté.

INNOCENTI

59 — *Petite Gardeuse d'oies.*

Panneau. Haut., 32 cent.; larg., 24 cent.

INNOCENTI

60 — *L'Approche de l'orage.*

Toile. Haut., 46 cent.; larg., 55 cent.

INNOCENTI

61 — *Jeune Vénitienne.*

Panneau carton. Haut., 55 cent.; larg., 46 cent.

INNOCENTI

62 — *La Jolie Servante.*

Toile. Haut., 38 cent.; larg., 46 cent.

INNOCENTI

63 — *Intérieur de cabaret.*

Panneau carton. Haut. 27 cent.; larg., 35 cent.

INNOCENTI

64 — *Ronde champêtre.*

Panneau. Haut., 32 cent.; larg., 39 cent.

JOLY (J.)

65 — *Paysage.*

Toile. Haut., 32 cent.; larg., 46 cent.

KALF (WILHELM)

66 — *Nature morte.*

Signé vers le bas, à droite.

Panneau. Haut., 46 cent., larg.,65 cent.

LEROUX (Constantin)

67 — *Bal champêtre.*

Toile. Haut., 1 m. 80 cent.; larg., 3 m. 20 cent.

LUCAS DE LEYDE (École de)

68 — *L'Ensevelissement du Christ.*

Peinture sur cuivre.

Haut., 16 cent. 1/2 ; larg., 13 cent.

LUMINAIS (D'après E.)

69 — *La Poursuite.*

Panneau. Haut., 47 cent.; larg., 35 cent.

NOIROT (E.)

70 — *Saint-Jodard (Loire) ; effet de soir.*

Toile. Haut., 35 cent.; larg., 40 cent.

NOIROT (E.)

71 — *La Loire.*

Toile. Haut., 33 cent.; larg., 55 cent.

NOIROT (E.)

72 — *La Mare.*

Toile. Haut., 23 cent.; larg., 32 cent.

NOIROT (E.)

73 — *Paysage.*

Toile. Haut., 19 cent.; larg., 27 cent.

NOIROT (E.)

74 — *Le Ruisseau. Riorges (Loire).*

Panneau. Haut., 36 cent.; larg., 27 cent.

NOIROT (E.)

75 — *Lisière de bois (Loire)*

Toile. Haut., 23 cent.; larg., 46 cent.

NOIROT (E.)

76 — *Le Sentier.*

Toile. Haut., 36 cent.; larg., 43 cent.

POURBUS (École de)

77 — *Portrait d'un Écrivain.*

Toile. Haut., 1 m. 05 cent.; larg., 83 cent.

REMBRANDT VAN RYN (École de)

78 — *Descente de croix.*

Toile. Haut., 62 cent.; larg., 75 cent.

RUBENS (École de)

79 — *L'Enlèvement.*

Panneau. Haut., 35 cent.; larg., 43 cent.

SEGHERS (Daniel), dit le Jésuite d'Anvers

80 — *Sainte Famille.*

Panneau. Haut., 1 m. 20 cent.; larg., 83 cent.

SETTI (1889)

81 — *Épisode de la guerre 1870-71.*

Toile. Haut., 1 mètre ; larg., 81 cent.

TERBURG (Attribué à GÉRARD)

82 — *Jeune Femme à la collerette.*

Peinture sur cuivre, forme ovale.

Haut., 18 cent.; larg., 13 cent. 1/2.

VERHAGEN (P.-J.)

83 — *La Nouvelle Esclave.*

Signé en bas à gauche : *P.-J. Verhagen, f. 1800.*

Toile. Haut., 95 cent.; larg., 71 cent.

WATTEAU (École de ANTOINE)

84 — *Plaisirs champêtres.*

Toile. Haut., 65 cent., larg., 54 cent.

WITT (EMMANUEL DE)

85 — *Intérieur d'église.*

Panneau. Haut., 37 cent.; larg., 29 cent.

YARZ (EDMOND)

86 — *Coucher de soleil.*

Toile. Haut., 38 cent.; larg., 55 cent.

YARZ (EDMOND)

87 — *Lever de lune.*

Toile. Haut., 38 cent.; larg., 55 cent.

AQUARELLES

PASTELS, DESSINS, GRAVURES

BESNARD (Albert)

88 — *Le Baiser.*

Dessin lavé à l'encre de Chine.

Signé en bas sur la droite.

Haut., 21 cent.; larg., 26 cent.

BONNEFOY (D'après Angelica Kauffmann)

89 — *L'Offrande à Mercure.*

Gravure.

Haut., 32 cent.; larg., 40 cent.

CAROLUS-DURAN

90 — *Portrait de l'artiste.*

Dessin à la mine de plomb.

Signé en bas à droite et daté : *19 mars 1869.*

Haut., 14 cent.; larg., 12 cent.

CHAPONNIER (Alexandre), d'après Louis Boilly

91 — *L'Amant favorisé.*

Gravure en couleurs.

Haut., 55 cent.; larg., 42 cent.

Cadre en bois sculpté.

CHAPONNIER (ALEXANDRE), d'après LOUIS BOILLY

92 — *La Comparaison des petits pieds.*

Gravure en couleurs.

Haut., 55 cent.; larg., 42 cent.

Cadre en bois sculpté.

DEBECOURT

93 — *La Rose mal défendue.*

Gravure en couleurs.

Haut., 50 cent.; larg., 38 cent.

Cadre en bois sculpté.

ÉCOLE FLAMANDE (XVIIIe siècle)

94 — *Vue de Flandre.*

Dessin lavé rehaussé de gouache.

Haut., 24 cent.; larg., 34 cent.

ÉCOLE FRANÇAISE

95 — *Tête de Vieillard.*

Dessin à la plume, rehaussé d'aquarelle.

Haut., 14 cent.; larg., 10 cent.

Cadre en bois sculpté.

ÉCOLE FRANÇAISE

96 — *La fontaine.*

Aquarelle.

Haut., 31 cent.; larg. 23 cent.

ÉCOLE FRANÇAISE

97 — *Marine.*

Aquarelle.

Haut., 30 cent.; larg., 35 cent.

ÉCOLE FRANÇAISE

98 — *Portrait de Femme en bonnet.*

Pastel.

ÉCOLE FRANÇAISE

99 — *La mare.*

Aquarelle.

ÉCOLE FRANÇAISE

100 — *Portrait d'Homme en habit bleu.*

Pastel ovale.

ÉCOLE FRANÇAISE

101 — *Portrait de Femme, vue de face.*

Pastel.

ÉCOLE FRANÇAISE

102 — *L'Europe, l'Asie, l'Afrique, l'Amérique.*

Quatre gravures en noir.

Haut., 31 cent.; larg., 20 cent.

ÉCOLE FRANÇAISE

103 — *Offrande à Vénus.*

Aquarelle rehaussée de gouache.

Haut., 15 cent.; larg., 19 cent.

ÉCOLE FRANÇAISE

104 — *Cheval de trait.*

Lavis rehaussé de gouache et d'aquarelle.

Haut., 11 cent.; larg., 14 cent.

ÉCOLE FRANÇAISE

105 — *Enrôlement des volontaires (22 juillet 1792).*

Lavis rehaussé de gouache.

Haut., 18 cent.; larg., 26 cent.

FLAMENG (LÉOPOLD), d'après REMBRANDT

106 — *Jésus guérissant les malades.*

Gravure.

Haut., 67 cent.; larg., 54 cent.

FLAMENG (LÉOPOLD), d'après FRANÇOIS FLAMENG

107 — *Bonaparte.*

Gravure.

Haut., 22 cent.; larg., 26 cent.

FLERS (CAMILLE)

108 — *La Passerelle.*

Pastel.

Signé en bas à gauche.

Haut., 24 cent.; larg., 31 cent.

GUYS (CONSTANTIN)

109 — *Lorette en promenade.*

Dessin lavé à l'encre, rehaussé à l'aquarelle.

Haut., 23 cent.; larg., 15 cent.

HUARD (Ch.)

110 — *Coq et poule.*

Litho.

Haut., 44 cent.; larg., 58 cent.

HUARD (Ch.)

111 — *Femme âgée.*

Gravure.

Haut., 51 cent.; larg., 43 cent,

HOET (G.)

112 — *Projet de décoration.*

Dessin lavé à l'encre de Chine.

Haut., 31 cent.; larg., 20 cent.

JOLY (J.)

113 — *Fleurs.*

Pastel.

Haut., 65 cent.; larg., 46 cent.

JOLY (J.)

114 — *Fleurs.*

Pastel.

Haut., 46 cent.; larg., 65 cent.

LEROUX (Constantin)

115 — *La Couture.*

Aquarelle.

Haut., 26 cent.; larg., 18 cent.

MÉCOU (D'après SICARDI)

116 — *Oh che piacere.*

Gravure en couleurs.

Haut., 35 cent.; larg., 31 cent.

MÉCOU (D'après SICARDI)

117 — *Oh che sciagura.*

Gravure en couleurs.

Haut., 35 cent.; larg., 31 cent.

SMITH MEZZOTINTO (D'après JOSHUA REYNOLDS)

Londres, 1786.

118 — *Son Altesse Sérénissime Louis-Philippe-Joseph, duc d'Orléans, Premier Prince du Sang, etc., etc.*

Gravure en couleurs.

Haut., 58 cent.; larg., 44 cent.

STEINHEIL (A.)

119 — *Projet de tableau.*

Dessin à la plume.

Haut., 26 cent.; larg., 36 cent.

VAN DE VELDE (ADRIEN)

120 — *Pâturage.*

Gravure.

Haut., 14 cent.; larg., 17 cent.

YARZ (Edmond)

121 — *Les Chaumes.*

Pastel.

Haut., 33 cent.; larg , 50 cent.

YARZ (Edmond)

122 — *Printemps.*

Pastel.

Haut., 33 cent.; larg., 50 cent.

123 — Sous ce numéro : Tableaux, aquarelles, etc., omis au présent Catalogue.

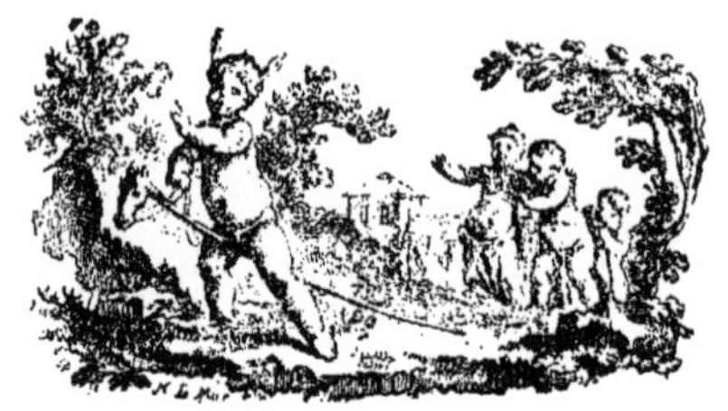

www.ingramcontent.com/pod-product-compliance
Ingram Content Group UK Ltd.
Pitfield, Milton Keynes, MK11 3LW, UK
UKHW020528180726
13839UKWH00005B/2386

9 782329 550633